THE RHINO'S SPECS

SPÉACLAÍ AN tSRÓNBHEANNAIGH

The publishers gratefully acknowledge the financial assistance of

The Arts Council
An Chomhairle Ealaíon

First published in 2002 by
Mercier Press
5 French Church Street Cork
E-mail: books@mercier.ie
16 Hume Street Dublin 2
Tel: (01) 661 5299
Fax: (01) 661 8583
E-mail: books@marino.ie
www.mercier.ie

Trade enquiries to CMD
Distribution
55a Spruce Avenue
Stillorgan Industrial Park
Blackrock County Dublin
Tel: (01) 294 2560
Fax: (01) 294 2564
E.mail: cmd@columba.ie

Irish text:
© Gabriel Rosenstock 2002
Translations:
© Gabriel Fitzmaurice 2002
Illustrations:
© Cliodhna Quinlan 2002

ISBN 1 85635 382 6

10 9 8 7 6 5 4 3 2 1

A CIP record for this title is
available from the British Library
Cover design: Mercier Press
Cover illustration: Cliodhna
Quinlan
Printed in Ireland by ColourBooks
Baldoyle Industrial Estate
Dublin 13

THE RHINO'S SPECS

SPÉACLAÍ AN TSRÓNBHEANNAIGH

SELECTED CHILDREN'S POEMS BY
GABRIEL ROSENSTOCK

WITH TRANSLATIONS FROM THE IRISH BY
GABRIEL FITZMAURICE

ILLUSTRATIONS BY CLIODHNA QUINLAN

MERCIER PRESS

Do pháistí na hÉireann (GR)
For John and Nessa (GF)

Contents

Cumhracht Eilifintí

Fragrance of Elephants

An Breac

'Tá spotaí os comhair mo shúl,' arsa
    an breac.
'Maith thú,' arsa an bradán.

Is má chreideann tú an scéal sin
Níl ionat ach amadán!

THE TROUT

'There are spots before my eyes,' says
    the trout.
The salmon says, 'That's cool.'

And if you believe this rubbish
You're nothing but a fool!

BEARNARD BROC

Tá Bearnard Broc i bponc,
Inseoidh mé duit cén fáth:
Tá gaol aige leis an scúnc . . .
Tá, an fear bocht – tá!

BERNARD BADGER

Bernard Badger's stumped,
Let me tell you why:
He's related to the skunk . . .
Oh yes he is, poor guy!

AN MHUC

'Tá tinneas fiacaile i mo chluas,
an bhféadfá mé a leigheas?'
'Cinnte,' arsa an dochtúir, is thóg sé
anuas an deimheas.
Thosaigh an mhuc ag scréachaíl;
arsa an dochtúir 'Cad tá cearr?'
'Dada, a dhochtúir, dada! Tá mé míle
uair níos fearr!'

THE PIG

'Doctor, can you cure me? I've a
toothache in my ears.'
'Sure,' says the doctor, taking down a
shears.
'What's up?' asks the doctor. 'Why're
you squealing, sow?'
'Nothing, doctor, nothing. I'm much
better now!'

Taidhgín Turcaí

Gogal-gogal-gogal:
Gogal-gogal-gog!
Mise Taidhgín Turcaí
Gogal-gogal-gog!
Ní labhraímse os íseal
Ní labhraímse go bog,
Gogal-gogal-gogal:
Gogal-gogal-gog!

Tadhgeen Turkey

Gugal-gugal-gugal:
Gugal-gugal-gug!
I am Tadhgeen Turkey
Gugal-gugal-gug!
I don't speak in a whisper,
My voice I never plug,
Gugal-gugal-gugal:
Gugal-gugal-gug!

An Chailleach Ghránna

Cé a sciobann uainíní?
Cé a sciobann na gamhna?
Cé a sciobann coiníní
Is a thagann Oíche Shamhna?

'Mise mise mise!'
A deir an chailleach ghránna,
'Agus sciobfaidh mise tusa
Má bhíonn tú dána.'

'Ní bheidh mé dána, a chailleach
    ghránna!
Ní bheidh mé dána, a chailleach
    ghránna!'

Cé a itheann péistíní
Am bricfeasta (is cúpla frog)?
Cé a shiúlann ar na seilidí
Mar go bpléascann siad go bog?

'Mise mise mise!'
A deir an chailleach ghránna,
'Agus siúlfaidh mé ortsa
Má bhíonn tú dána.'

'Ní bheidh mé dána, a chailleach
    ghránna!
Ní bheidh mé dána, a chailleach
    ghránna!'

The Ugly Hag

Who runs off with little lambs
And calves so young and green?
Who runs off with rabbits
And comes at Hallowe'en?

'Me me me!'
Says the ugly hag,
'And I'll run off with you
If you are bad.'

'I won't be bad, you ugly hag!
I won't be bad, you ugly hag!'

Who eats worms for breakfast
And a couple of frogs maybe?
Who steps on snails to hear them
Exploding silently?

'Me me me!'
Says the ugly hag.
'And I'll step on you
If you are bad.'

'I won't be bad, you ugly hag!
I won't be bad, you ugly hag!'

An Srónbheannach

Cheannaigh an srónbheannach spéaclaí
Is chuir sé iad ar a shrón,
Ach bhuail sé i gcoinne ápa
Is briseadh iad – ochón!

Éist leis an gcaint anois aige:
'An crann é sin nó bláth?
Abair liom, a chara,
'Bhfuil ina oíche nó ina lá?'

THE RHINO

The rhino bought a pair of specs
And perched them on his nose,
But he collided with an ape –
They broke, alas. He goes

Enquiring, 'Tree or flower?
(I can't really say).
Tell me friend, I beg you,
Is it night or day?'

An Seilide

'Chaill mé mo theachín,'
Arsa an seilide bocht.
'Chaill mé mo theachín
Is é a bhí docht.

'Nuair a dhúisigh mé ar maidin
Bhí mé fuar gan é.
D'fhéach mé i ngach áit
Ar deis is ar clé.

'Cé thóg mo theachín,'
Arsa an seilide nocht.
'Cé thóg mo theachín?
Cé air a bhfuil an locht?'

The Snail

'I've lost my house,'
Laments the snail.
'I've lost my house –
'Twas snug,' he wails.

'When I woke this morning
I was cold – 'twas gone.
I looked all over
Up and down

'Who took my house?'
Says the naked snail,
'Who took my house?
Oh, who's to blame?'

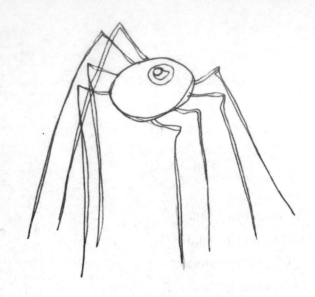

SNÁTHAID AN PHÚCA

'Tá pianta im chosa,'
Dúirt snáthaid an phúca.
Tháinig an dochtúir:
'Seo dhá chiúibín siúcra;
Leigheasfaidh sé sin thú,
Ní bhfaighidh tú bás,
Níl rud ar bith cearr leat –
Ach go bhfuil tú ag fás!'

DADDY-LONG-LEGS

'I've a pain in my legs,'
The daddy-long-legs cried.
'Take two sugar lumps,'
The doctor replied.
'That will surely cure you,
You're not going to die,
There's nothing the matter –
You're growing up, my boy!'

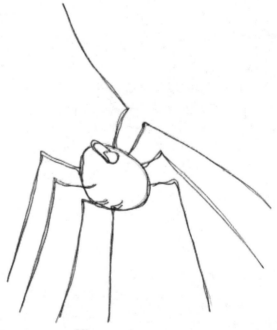

Naoscach

Go tobann lig an naoscach fead –
(Fead péine, ní fead meidhre):
'Cé a chuir neantóg im nead?
Mo thóinín! Maróidh mé an cladhaire!'

SNIPE

The snipe cried out in great distress
(A cry of pain, not joy):
'Who put nettles in my nest?
My bum! I'll kill the guy!'

EILIFINTÍ

D'fhág an sorcas
Cuimhní na bhfear grinn
Ina dhiaidh
In intinn pháistí:
D'fhág aoileach, freisin,
Roinnt tonnaí de.
Cuir do chaincín
Le bláthanna
Agus glasraí:
Lus na gréine
Agus cairéidí –
Gheobhair cinnte
Cumhracht eilifintí.

ELEPHANTS

The circus left
Memories of clowns
In children's minds:
Left dung too,
Tons of it.
Smell
The flowers
And vegetables
Sunflowers
And carrots –
Fragrance
Of elephants.

LÉIM!

Foghlaim léim ón bhfrog
Is é atá lán de bhrí!
Foghlaim léim ón bhfrog
Is beidh tú aclaí,
Is lán de spraoi . . .
Beidh, a chroí.
Hí, hí!

JUMP!

Learn to jump from the frog
So full of life is he!
Learn to jump from the frog –
An athlete you will be,
And full of glee . . .
Yes siree!
Hee, hee!

Fearchat

Tá fearchat ag caoineadh an oíche
 go léir
Is tá gach duine bréan de, fiú an
 ghealach sa spéir.

TOMCAT

There's a tomcat yowling all night
    through
And we're all sick of him – even the
    moon!

Ar Strae i Spás

Wandering in Space

PÓG

Leipreachán ar phúca peill
go foighneach ag deisiú bróg,
Ní punt ná scilling a iarrfaidh sé ort –
  ní hea, ach cúpla póg!

Kiss

A leprechaun on a toadstool calmly
mending a shoe:
He won't charge you any money –
maybe a kiss or two!

NÁ TABHAIR AON RUD
LE hITHE DÓIBH

Léim spásfhirín go beo isteach im
    leabasa aréir,
'Cad as ar tháinig tusa? Díreach anuas
    ón spéir?'
'Bog isteach!' ar seisean, 'táim préachta
    leis an bhfuacht –
Aon rud maith ar an mbosca?' 'Tá,'
    arsa mise, 'An Nuacht!'

'Bhuel cuir ar siúl láithreach é!'
       arsa an spásfhirín ag crith,
'Agus tabhair dom rud éigin le hithe –
       táim stiúgtha – rud ar bith!'
Fuair mé ceapaire feola dó
       agus d'fhéach sé air faoi dhó:
'Tá brón orm,' arsa an spásfhirín,
       'rud ar bith ach bó.'

Fuair mé pláta pónairí dó,
       sailéad agus rís
Agus d'alp sé siar an t-iomlán
       ag breathnú ar an teilifís:
Agus chuala mé an léitheoir nuachta:
       'Tá fíríní i mBaile Átha Cliath –
Ach ní dhéanfaidh siad dochar dá laghad
       duit
Má choinníonn tú amach iad ó bhia.'

Keep Them Away from Food!

A little man from outer space jumped
    in my bed last night.
'Where d'you come from?' I asked him.
    'Straight down from the sky?'
'Move over,' said the spaceman, 'I'm
    frozen through and through –
Anything on the telly?' 'Yeah,' I said,
    'The News!'

'Well, put it on this minute,' said he,
    trembling to his teeth,
'I'm starving, get me something –
    anything – to eat.'
I fixed him a beef sandwich, he eyed it
    up and down:
'I'm sorry,' said the creature, 'Anything
    but a cow.'

I gave him then a plate of beans, rice
and salad too,
And he scoffed the lot in one go,
looking at the news:
'Aliens in Dublin' – the TV had me
glued –
'Reports state they're harmless
If kept away from food.'

An Ráca

Féach an ráca ar an talamh ina luí;
Féach na duilleoga báite – donn, uaine
agus buí.
'Dúisigh, a ráca, agus bí i mbun do
ghnó!'
'Á, táim tnáite; ní rácálfaidh mé níos
mó.'

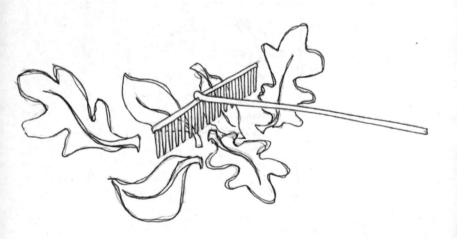

THE RAKE

Look at the old rake lying on the
    ground;
Look at all the withered leaves –
    yellow, green and brown.
'Wake up, rake,' I urged it, 'There's lots
    of work to do.'
'I'm knackered,' the rake replied,
    'Knackered through and through.'

GLANTÓIR SIMNÉ

'A ghé, a ghé, cá raibh tú inné?'
'Bhí mé i nGaillimh ag glanadh simné;
Suas liom go cúramach, suas liom
    go mall
Agus síos liom ag luascadh anonn
    is anall!'

CHIMNEY SWEEP

'Goose, where were you yesterday?'
'Sweeping flues in Galway;
Up so careful, up so slow
And down a-swinging to and fro.'

An Fear Bréige

'Ta brón orm,' arsa an fear bréige,
'Ní ormsa atá an milleán;
Tá brón orm,' arsa an fear bréige,
'Níl cead agam labhairt le préacháin.

'Tá brón orm,' arsa an fear bréige,
'Ach sin mar atá an scéal:
Tá brón orm,' arsa an fear bréige,
Is tharraing an t-éan a chroiméal!

The Scarecrow

'I'm sorry,' says the scarecrow,
'I'm not to blame, God knows;
I'm sorry,' says the scarecrow,
'I'm not allowed to speak to crows.

'I'm sorry,' says the scarecrow,
'But that's the way things are:
I'm sorry,' says the scarecrow,
And a bird tweaked his moustache
    hard!

SLEAMHNÁN

Suas agus síos
Agus síos agus suas
Síos síos le fána
An cat ar a thóin
An luch ar a srón
Síos linn arís go dána!

SLIDE

Up and down
And down and up
Down down with the fall
The cat on his butt
The mouse on his snout
Down again boldly all!

An Ghealach

Cé tá ar an ngealaigh –
Fear, bean nó leanbh
    Duine sean
    Duine óg
Nó duine buí searbh?

THE MOON

Who's on the moon –
Man, woman or child,
An old one,
A young one,
Or a sourpuss, yellow, spoiled?

Go Deo Deo Arís . . .

Ní rachaidh mé chun farraige arís
    go deo
Fanfaidh mé anseo go buan;
Ní rachaidh mé amach arís sa cheo –
Is fearr liomsa an cuan.

Feicim an taoille
Ag tuile is ag trá,
Feicim an oíche,
Feicim an lá.

Tá consairtín agam is píopa tobac,
Dhera, nach in é mo dhóthain, a mhac!

Never Again . . .

Never again will I go to sea,
I'll stay here evermore;
Never again go out in the fog –
I prefer the shore.

I see the tide
Ebb and flow,
I see the night
Come and go.

I've a concertina and pipe tobaccy –
Enough's enough, my boy. I'm happy.

Moladh go Deo leis an Rí

Moladh go deo leis an Rí
A chruthaigh an uile ní,
An bheach, an chíor mheala,
Laethanta geala,
Moladh go deo leis an Rí.

FOREVER GIVE PRAISE TO THE KING

Forever give praise to the King
Because He has made everything,
The bees and the honey,
Days that are sunny,
Forever give praise to the King.

Cloch

Bhí cloch ann uair amháin
Tháinig cuileoigín
Ní cloch a bhí ann a thuilleadh
Ach cloch faoi chuileoigín
Ní cuileoigín a bhí ann a thuilleadh
Ach cuileoigín os cionn cloiche
D'imigh an cuileoigín
D'fhan an chloch.

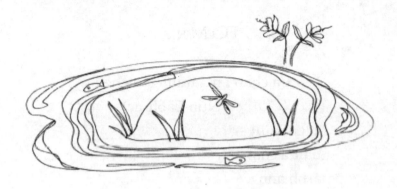

STONE

Once upon a time there was a stone
Then came a fly
The stone was no longer a stone
But a stone beneath a fly
The fly was no longer a fly
But a fly above a stone
The stone remained
When the fly was gone.

DO MEG

(a chan i nGàidhlig, oíche i
Nua-Eabhrac)

An eol duit
nuair a chanais
nárbh ann
níos mó
do na tithe spéire
gur líon
Nua-Eabhrac
le cuileann
gur iompaigh
tráchtghlór
ina phíobaireacht
nótaí binne
ag éag
i ngarbhchríocha
Manhattan
is bhíos
im bhuabhall
ar strae
i spás

TO MEG

(who sang in Scots-Gaelic one night in
New York)

Do you know
That when you sang
The skyscrapers
Disappeared
And New York
Filled with holly
Raucous traffic
Turned to pipe-music
Sweet notes
Dying
In the Highlands
Of Manhattan
And I was
A buffalo
Wandering
In space

Teilifís
(faoi m'iníon Saffron)

Ar a cúig a chlog ar maidin
Theastaigh an teilifís uaithi.
An féidir argóint le beainín
Dhá bhliain go leith?
Síos linn le chéile
Níor bhacas fiú le gléasadh
Is bhí an seomra préachta.
Gan solas fós sa spéir
Stánamar le hiontas ar scáileán bán.
Anois! Sásta?
Ach chonaic sise sneachta
Is sioráf tríd an sneachta
Is ulchabhán Artach
Ag faoileáil
Os a chionn.

TELEVISION
(for my daughter Saffron)

At five o'clock in the morning
She wanted television.
Who can argue with a little woman
Two and a half years old?
Down we went together
I didn't even dress
And the room was freezing.
No light yet in the sky
We stared in wonder at the
      white screen.
Happy now?
But she saw snow
And a giraffe through it
And an Arctic owl
Wheeling
Above it.

Index of Titles

INDEX OF FIRST LINES